Ursula Adler

# Gereimtes
# und
# Ungereimtes

AF272749

Ganz herzlich bedanke ich mich bei Andrea. Ohne sie wäre dieses kleine Buch nicht entstanden

Ursula Adler

# Gereimtes
# und
# Ungereimtes

Gedichte zum Lachen und Weinen

*Bibliografische Information der Deutschen Nationalbibliothek:*
*Die Deutsche Nationalbibliothek verzeichnet diese Publikation in der Deutschen Nationalbibliografie; detaillierte bibliografische Daten sind im Internet über http://dnb.dnb.de abrufbar.*

*© 2016 Ursula Adler*

*Herstellung und Verlag: BoD – Books on Demand, Norderstedt*

*ISBN: 978-3-8423-5029-8*

# Lachen mit Limericks

Es waren mal zwölf Mandarinen
Im Center vom Krönchen erschienen
Die machten was her
Sie leuchteten sehr
Doch eigentlich war'n 's Clementinen

Es war mal ne kleine Kamille
Die mochte den Bernd mit der Brille
Sie sehnte sich sehr
Und wünschte ihn her
Ach komm doch – ich lieb dich so ville

In Siegen sprach dereinst Herr Kneppe
Zu Minna: Mach schnell mal die Treppe
Die Hochzeit ist aus
Die Braut kommt nach Haus
Und hat sonst den Dreck an der Schleppe

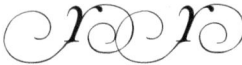

Es sprach einst ein Alter mit Brille
Dies ist nun mein drittletzter Wille
Ne Bildungsreise
Zum Mond beispielsweise
Mein Urenkel meint das wär schrille

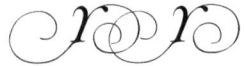

Ein munteres Mädchen aus Stade
Liebt sehr Schokolinsen und – lade
Stets beißt sie fest zu
Zerkaut sie im Nu
Heut' bricht ihr ein Zahn ab – wie schade

Es war mal ein Vogel in Siegen
Der konnte vor Hunger nicht fliegen
Er hüpft' zu den Rosen
Und bat um Almosen
Konnt' Läuse und Raupen dort kriegen

Das machte ihn langsam recht kräftig
Nun hüpft' er zum Bäcker geschäftig
Dort gab's viele Krumen
Statt Läuse auf Blumen
Er liebt' die mit Zuckerguß heftig

Ein uraltes Stück von den Griechen
Das sah er am Straßenrand ‚liechen'
Was hat er für'n Glück
So'n wertvolles Stück
Von Griechen die längst schon ‚verbliechen'

Ausgrabung
Uraltes Geschirr
Römer oder Griechen
Oder nur ein kaputter
Gartenzwerg

Ich weiß nicht aus welchen Gründen
Ich suche und kann es nicht finden
Brauch' ich 's nicht mehr
Kommt 's einfach daher
Um kurz drauf erneut zu verschwinden

# Manchmal

## Manchmal

...friere ich

...kann ich keinen leiden

...habe ich keine Lust, die Katze zu füttern

...würde ich gerne fünf Pfund Schokolade

...essen

...denke ich: Die Welt ist schön

...wäre ich gerne achtzehn

...würde ich gerne rennen können

...habe ich Zeit

...laufen Silberfischchen im Bad herum

...

Einmal
Vielleicht zweimal
Oder auch dreimal
Lese ich denselben Satz
Manchmal


Einmal
Vielleicht zweimal
Oder auch dreimal
Muss ich dasselbe sagen
Manchmal



Manchmal
Sage ich
Einmal oder zweimal
Sogar dreimal oder viermal
Dasselbe

Manchmal
Regnet es
In mir drin
Und um mich rum
Auch

Manchmal
Regnet es
Um mich rum
Und in mir drin
Auch

Manchmal
Kommt Fabian
Mit seiner Mama
In meine Wohnung und
Lacht

Manchmal
Füllt Fabian
Mein ganzes Wohnzimmer
Mit seinem ansteckenden
herzerfrischenden
Lachen

Manchmal
Wollen Bratwurstgelüste
Mich nicht verlassen
Karotten sind kein guter
Ersatz

## Im Schwimmbad

Im Schwimmbad
Suche ich ein Plätzchen für mich zum
   Schwimmen
Ob das möglich ist
Im von tüchtigen Sportschwimmern wild
   bewegten Wasser
Nein – ich flüchte
Im Schwimmbad
Suchte ich ein Plätzchen für mich zum
   Schwimmen

## Tomatenschicksal

Bunjol – da begann ihr Leben
Glücklich war sie, rot und eben
Rund und reif zum Pflücken
Da streifte sie mit seinen Blicken
Fernando und steckte sie in die Tasche
Landest ja doch mal in der Flasche
Als Ketch-up – so komm denn Bambina
Auf geht's - auf zur Tomatina
Und dort in der Schlacht von zermatschten
  Gemüsen
Zwischen roten Händen Köpfen und Füßen
Starb die Tomate
Schate

# Von Spinnen

Seit es Spinnen hat gefallen
Auch in Häusern Hütten Hallen
Und nicht nur auf Ökofeldern
Blumenwiesen und in Wäldern
Ihre Netze fein zu weben
Und von Baum zu Baum zu schweben
Liebt so mancher sie nicht sehr
Und ist hinter ihnen her


Spinnen spinnen an den Netzen
Menschen reißen sie in Fetzen
Spinnen wollen sich verstecken
Menschen finden sie in Ecken
Spinnen laufen rennen flitzen
Bleiben nirgends länger sitzen
Wenn die Menschen mit den Besen
Hinter ihnen her gewesen

Eine
Schreckliche Gemüsesuppe
Hat Oma gekocht
Lieber esse ich ihren
Streuselkuchen


Ach da lag die neue Puppe
Mit Kartoffeln in der Suppe

Gib mir doch ne Marille
Seufzt sehnsuchtsvoll Sybille
Die ewige Kamille
Ist nicht mein letzter Wille

# Sinn und Unsinn
# mit dem Kuckuck

## Kuckuck

Ein Akrostichon:

**K**uckmal – **u**nsere **C**lara **k**ann **u**ns
**C**lementinen **k**aufen

Und noch eins:

**K**leine **u**nsichtbare **C**remereste **k**leben
**u**nter **C**harleys **K**ochbuch

Und noch einige:

Kernphysikfreie Unternehmen Chinas
kauften urzeitliche cremeweiße Kameras

Karamel und Chlor können Unterwasser-
Schildkröten chemisch kühlen

Kikeriki-Schreie unter Christen können
unterschiedliche Chöre kreieren

Kennen Ungarn chinesische Küche und
chilenisches Kunstturnen

# Frühling

Fühlst du der Sonne
Wärmende Streichelstrahlen
Tauen deinen Frost

Schau der Maikäfer
Da sitzt er bewegungslos
An der Wand – Faulpelz

Siehst du die Meise
Die zierliche hüpfende
Körnerpickerin

Maiwolken tanzen
Polonaise am Himmel
Inseln im Wasser


Buschwindröschen strahlt
In die Sonne und badet
Die Wurzeln im Bach


Auf Rosenblättern
Haben glitzernde Tropfen
Eine Rutschbahn entdeckt

Erde
Nass braun
Krümel Stein Wurzel
Zwischen Fingern Dreck und
Leben

Schmetterling
Mein Freund
Liebt rote Löwenmäulchen
Weißen Flieder und Apfelblüten
Genießer

Admiral
Ruft Zitronenfalter
Und kleinen Fuchs
Aber die genießen ihre
Freiheit

Bläuling
Liebt Zitronenfalter
Kinder werden grün
Flattern in den bunten Frühling

Wicken
Umschmeicheln Reiser
Wie sanfte Scmetterlinge
Einen Sommer lang und
Entflattern


Phlox
Erzählt mir
Von Omas Sommerblumensträußen
Und dem längst verschwundenen
Garten

Die Ahornblätter
Vor hellgrauem Glanzhimmel
Noch an den Zweigen


Der Wurm trifft den Wurm
Guten Morgen – schön feucht hier
So gute Erde

# Alt

## geworden

Versprochen
Sie hatten es versprochen
Sie hatte es ihm versprochen
Er hatte es ihr versprochen
Sie hatten es sich gegenseitig versprochen

Sie wollten zusammen leben
Sie wollten eine Familie haben
Sie wollten zusammen arbeiten
Sich freuen

Mit den Kindern spielen
Spazieren gehen
Essen
Verreisen

Auf einer Bank sitzen
Die Kinder groß werden sehen
Sonnenschein Regen und Schnee erleben
Blumen blühen sehen
Blätter fegen
Schneemänner bauen

Tage Wochen Monate Jahre
Jahrzehnte sind vergangen

Heute morgen sagte er
Komm Anneliese
Wir gehen ein bisschen in die Sonne

Lavendel
Für uns
Die Sonne scheint
Wie damals im Mai
Heute


Komm
Komm doch
Komm doch mit
Komm doch mit mir
Mit


Wagen
Wir doch
Ein flottes Tänzchen
Walzer! – Zusammen können wir
Alles

Hund und Herr

Gestreichelt
Von dir
Mein weiches Fell
Deine großen Hände halten
Mich

Ich
Streichle dich
Dein weiches Fell
Wärmt mir Bauch und
Herz

Annas Dackel grüßt Ottos Mops

Annas Dackel wackelt
Anna lacht
Annas Dackel zappelt
Anna lacht
Annas Dackel wackelt und zappelt
Anna lacht
Anna sagt: Dackel, mach mal!
Anna wartet
Annas Dackel wackelt und zappelt
Anna sagt: Dackel mach! Mach mal!
Annas Dackel wartet
Anna sagt: Ach, Dackel, ach!

Teddybär
Brauner Kinderfreund
Tröstet, brummt manchmal
Ist auch da für
Erwachsene

#  Wolken

Wolken
Schwarze Ungeheuer
Fallen in Täler
Decken das Leben zu
Schweigen

Wolken
Flippige Geister
Zerfledderte flüchtige Wesen
Tanzen über den Vorfrühlingshimmel
Unordnung

Wolken
Schneeweiße Traumschiffe
Mit hohen Beförderungspreisen
Lassen alle Passagiere herausfallen
Unzuverlässig


Wolken
Rosa Schäfchen
Vom Abendsonnenschein gefärbt
Sind auf dem Heimweg
Müde

# Wörter

Bitte
Bitte sprich
Sag doch was
Sag doch endlich was
Ich höre dir auch zu
Ich antworte dir auch
Ich will reden
Du bitte
Auch

Wort
Komm doch
Bitte komm her
Du fehlst mir so
Ich höre dich so gern
Ich lese dich gern
Ich denke dich
Schreibe dich
Auf

Wort                         Wör-

ter

        Gedicht

           Geschichte

Roman

      Brief

          Aufsatz

     Buch

Wörter
Stolpern daher
Stürmen hastig vorwärts
Quälen sich mühsam aufwärts
Rollen leichtfertig mit Luftsprüngen abwärts
Erreichen atemlos die Ebene
Rücken vorsichtig zusammen
Zu einem
Gedicht

# Warten

Warten
Auf ihn
Oder auf ihn
Oder gar auf ihn
Warten warten warten warten warten
Sie wartet nicht mehr
Sie lebt jetzt
Trinkt viel
Holundersaft

# Leben von A bis Z

Wir beide wollen
Heute noch in die Disco
Das Tanzbein schwingen

Meine Nase reckt
Sich zum Himmel – deine nicht
Komm trotzdem mit

Manches Auge sieht
Alles – Häuser – Bäume – die
Ganze Welt! Oh je!

Sonnenauge im
Nebel tröstet trauernde
Kahle Herbstweiden

Gern
Habe ich
Eine Weile gelebt
Jetzt will ich gehen
Tschüs

# Aus der Schule geplaudert

## Deutsch – Grammatik
### Steigerung rückwärts

Tausendschönchen
Hundertschönchen
Zehnschönchen
Einschönchen
Keinschönchen
?
Nur noch schön

# Vergissmeinnicht – Grammatik

Vergissmeinnicht
Verlassmichnicht
Verletzmichnicht
Verratmichnicht


Vergissdichnicht
Verlassdichnicht
Verletzdichnicht
Verratdichnicht


Vergissihn/sie/esnicht
Verlassihn/sie/esnicht
Verletzihn/sie/esnicht
Verratihn/sie/esnicht

Vergesstunsnicht
Verlasstunsnicht
Verletztunsnicht
Verratetunsnicht


Vergessteuchnicht
Verlassteuchnicht
Verletzteuchnicht
Verrateteuchnicht


Vergesstsienicht
Verlasstsienicht
Verletztsienicht
Verratetsienicht

## Tierkunde

Ein Schwan
Macht den Plan
Ein Huhn
Hat zu tun
Eine Gans
Geht zum Tanz
Die Ente
In Rente

# Sozialkunde-Praktikum

Heute geh'n wir zu den Alten
Mit den vielen vielen Falten
Denn wir wollen ihre kalten
Hände wärmen – ihren Herzen
Mit Geschichten und mit Scherzen
So was sein wie Weihnachtskerzen

# Und nach der Schule

Dankbar bin ich meinen Lehrern
Ach nicht jeden liebt' ich sehr
Kaum was habe ich behalten
Vieles weiß ich gar nicht mehr

Sport Physik Chemie und Mathe
Lauda teacher mère und père
Reli Deutsch Musik Geschichte
Wenn es doch im Kopf noch wäre

Such ich lange find ich manches
Karl den Großen Goethe Schiller
Mathekurven Häkellappen
Althochdeutsch das ist der Brüller

# Nach der Schule

## Auch das noch

Hast du dich schon fortgebildet
Ganz weit weg in Seminaren
Hast du auch gefitnesstraint dich
Bist du um die Welt gefahren

Weilst an ausgesuchten Orten
Wo man dich gesünder trimmt
Mit meditativen Worten
Dir die Bodenhaftung nimmt

Bist du nach den Höhenflügen
Nach spirituellem Streben
Wieder mal zurückgekehrt
In das stinknormale Leben

Dann freu ich mich
Für dich